CONFÉRENCE

Faite par le Dr CALMETTE

A la Société des Amis de l'Université

(10 Janvier 1909)

LA LUTTE

CONTRE

LA TUBERCULOSE

A CAMBRAI

CAMBRAI
IMPRIMERIE RÉGNIER FRÈRES
Place-au-Bois, 28 et 30
—
1909

DISPENSAIRE Paul BERSEZ, a Cambrai

CONFÉRENCE

Faite par le Dr CALMETTE

à la Société des Amis de l'Université

(10 Janvier 1909)

LA

LUTTE CONTRE LA TUBERCULOSE

A CAMBRAI

Mesdames, Messieurs,

Permettez-moi de remercier tout d'abord M. le sénateur Bersez de m'avoir procuré l'honneur et le très grand plaisir de venir, sous les auspices de l'Association des Amis de l'Université, présider à l'inauguration technique du dispensaire dont notre Ligue du Nord contre la Tuberculose a été heureuse de doter la ville de Cambrai.

Outre que j'éprouve toujours une joie sincère à me retrouver au milieu de tant de fidèles amis que je compte parmi vous, rien ne pouvait m'être plus agréable que de venir animer du souffle de la vie réelle cette œuvre locale de lutte contre le terrible fléau qu'est la tuberculose.

Quel est celui ou celle d'entre vous qui n'a pas été douloureusement ému en apprenant l'épouvantable catastrophe qui vient d'éprouver la Sicile et la Calabre ? Plus de cent cinquante mille personnes ont été écrasées ou brûlées en quelques terribles instants. Nous avons tous été pris d'une immense pitié en songeant aux misères qui allaient s'abattre sur tant de familles en deuil. Eh bien ! dans notre belle France, la tuberculose seule fait chaque année un nombre égal de victimes, choisies presque toutes parmi les enfants, les adolescents, les jeunes hommes et les jeunes femmes, nos plus chères espérances et nos plus actives réserves ! La perte qui en résulte pour nous équivaut à celle que produirait chaque année une catastrophe semblable à celle qu'ont occasionnée les tremblements de terre d'Italie !

Dans le seul département du Nord, la tuberculose fait annuellement 4.200 victimes. A Cambrai, le tribut que vous payez à ce que nous appelons aujourd'hui la « peste blanche » augmente sans cesse depuis vingt ans. Il atteint à l'heure actuelle 120 décès par année moyenne !

Vous ne pouvez pas rester insensibles à de pareilles hécatombes. Nous sommes en face d'un fléau plus meurtrier que les plus terribles épidémies et que les plus grandes guerres. Levez-vous en masse à notre appel pour le combattre. Nous sommes certains de pouvoir vaincre : il suffit de vouloir !

Il suffit de vouloir, puisque la tuberculose est un mal contagieux, donc *évitable*.

Nous connaissons la nature du germe virulent qui la produit ; nous savons que ce germe, répandu à profusion par les crachats des poitrinaires, se mêle aux poussières de la rue ou de l'atelier, et s'introduit avec ces poussières dans notre tube digestif ou dans nos poumons.

Nous savons aussi que ce germe ne se développe pas fatalement dans l'organisme de tous ceux d'entre nous qui l'ont accidentellement ingéré ou aspiré. Chacun de nous possède dans son sang, dans ses tissus, des cellules défensives appelées *phagocytes,* qui ont le pouvoir d'englober les bacilles tuberculeux et presque toutes les autres espèces de microbes dangereux ou inoffensifs. Une fois englobés dans ces cellules, les bacilles y sont plus ou moins rapidement dissous et détruits par une sorte de phénomène de digestion. Les phagocytes, suivant l'expression imagée de Duclaux, représentent donc pour notre organisme une sorte de « *corps de police* » chargé d'emprisonner d'abord les malfaiteurs puis de les faire disparaître. Mais pour qu'ils puissent remplir convenablement ces fonctions défensives il faut qu'ils soient vigoureux et bien portants.

Or, une foule de causes sont susceptibles d'exercer sur eux des influences fâcheuses et de les affaiblir au point qu'ils deviennent incapables de nous défendre. Le surmenage physiologique, l'excès de travail, l'insuffisance de nourriture, le séjour prolongé dans une atmosphère confinée, les intoxications chroniques de toutes sortes et, par-dessus tout, l'alcoolisme, réduisent ou suppriment leur activité.

Nos factionnaires, endormis dans leur corps de garde, laissent alors le champ libre aux ennemis qui guettaient leur sommeil pour s'introduire dans la forteresse et y commettre leurs méfaits. Notre organisme, désormais vaincu, devient bientôt la proie des bacilles de la tuberculose, qui s'y établissent en maîtres et y secrètent leur mortel poison, cette *tuberculine* de Koch, dont on avait eu un moment l'espoir de tirer un remède et qui ne fait que hâter l'évolution de la maladie.

Vous comprenez déjà, j'en suis sûr, pourquoi la lutte contre la tuberculose est surtout une question sociale. Toutes les causes d'affaiblissement des fonctions de nos phagocytes, toutes les causes de déchéance de notre organisme ouvrent la porte à l'infection. Celle-ci épargne les gens sains, vigoureux ; elle frappe durement, au contraire, les débilités, les surmenés, les alcooliques et les miséreux.

La misère et la tuberculose sont à ce point solidaires l'une de l'autre, que si l'on jette les yeux sur un plan quelconque de grande ville sur lequel on a marqué l'emplacement des maisons où se sont produits les décès par tuberculose on constate toujours que, proportionnellement à la population, cette maladie fait un nombre de victimes huit ou dix fois plus grand dans les quartiers pauvres que dans les quartiers riches ou aisés. A Paris, par exemple, sur 100 décès relevés dans le quartier des Champs-Elysées, neuf seulement sont dûs à la tuberculose. A Plaisance et à Belleville, 60 personnes sur 100 succombent à la phtisie !

La lugubre éloquence de ces chiffres montre la néfaste influence du taudis, de ces logements mal aérés, sans soleil et sans lumière, où s'entassent souvent dans une seule chambre des familles de 4, 5 ou 6 personnes, qui ne peuvent que s'y étioler et dépérir. On fait tout, dans cette chambre : on y cuisine, on y mange, on y couche et on y fait la lessive. C'est là que les malades toussent, crachent, maigrissent et meurent, non sans avoir préalablement semé autour d'eux force bacilles que les mouches et autres parasites transportent des crachats sur les aliments dont chacun devra se nourrir.

Et ne croyez pas que ces logements meurtriers n'existent que dans les quartiers pauvres. Dans les maisons les plus luxueuses on rencontre à chaque instant de pareils foyers d'infection : chambres de maîtres à alcôves où le bienfaisant soleil ne pénètre jamais, et chambres de domestiques à peine assez grandes pour contenir un lit, une table et une chaise, avec une lucarne s'ouvrant sur une courette d'où ne s'échappent que les relents des cuisines ou des water-closets !

Non seulement la misère engendre la tuberculose, mais on a pu dire encore avec raison que la tuberculose crée la misère. Lorsque dans un ménage d'ouvriers, la phtisie vient à frapper le chef de la famille, le désastre est rapide et complet. Les maigres économies qu'on avait pu faire sont absorbées en quelques semaines par les frais de médicaments et de médecin. Bientôt les ressources manquent pour acheter de quoi manger. La femme et les enfants dépérissent, se contagionnent, et vont supplier le Bureau de Bienfaisance de leur venir en aide, tandis que le père épuisé, crachant ses dernières parcelles de poumons, s'en va mourir à l'hôpital.

Écoutez cette lugubre histoire, ce fait-divers angoissant, trouvé dans un journal :

« Dans un misérable galetas, une mère s'est tuée avec ses deux enfants : une fillette de six ans et un petit garçon de cinq.

« Son mari, brave ouvrier, venait de mourir poitrinaire ; en le soignant, elle avait contracté l'horrible mal dont elle voyait déjà les germes éclore chez ses petits. Sans ressources, incapable de travailler, trop jeune pour mendier, découragée, affolée, elle alluma le réchaud. Dans une lettre adressée au Commissaire de police, la pauvre femme expliquait ses angoisses, racontait son isolement, excusait son désespoir et terminait par cette phrase lugubrement suggestive : « J'ai payé toutes mes dettes ! »

Eh bien, Mesdames et Messieurs, je vous le demande, la Société peut-elle en dire autant !

*
* *

Quelles mesures a-t-on prises pour empêcher que de pareils drames se renouvellent? Quels moyens a-t-on préconisés pour arrêter l'extension d'un pareil fléau ?

Dans tous les pays civilisés, depuis environ quinze ans, cette grave question préoccupe les gouvernements, les économistes et les médecins. Des congrès internationaux ont été réunis pour étudier les meilleurs moyens de lutte sociale contre la tuberculose. On a élaboré de vastes programmes que les grandes nations s'essayent à appliquer, chacune avec le tempérament qui lui est propre. En Angleterre on s'est hâté d'assainir les villes, on a fait des lois permettant l'expropriation et la suppression immédiate des logements malsains. Grâce à une salutaire politique de libre échange on a permis à l'ouvrier de s'alimenter facilement et à bon marché. Les mœurs nationales aidant, on a développé dans la plus large mesure l'éducation physique de la jeunesse ; on a encouragé les sports ; on a créé aux portes mêmes des villes, de vastes espaces exclusivement consacrés aux jeux.

Et ces mesures ont eu rapidement pour conséquence un abaissement progressif de la mortalité par tuberculose: celle-ci n'est déjà plus que la moitié de ce qu'elle était il y a 25 ans (13 au lieu de 26 pour 10.000 habitants).

En Allemagne, sous l'habile impulsion de Bismarck, on a édicté des lois protectrices de la santé de l'ouvrier par *l'assurance obligatoire* contre l'invalidité et contre la maladie. On a créé des caisses régionales d'assurances, alimentées par des versements mixtes de l'ouvrier et du patron, avec la collaboration de l'Etat. Chaque fois qu'un ouvrier vient à être atteint de la tuberculose, la caisse régionale dont il dépend le prend en charge et le fait soigner de la manière la plus efficace parce que c'est aussi la plus économique. On le fait entrer dans l'un des 93 sanatoriums que possèdent ou que subventionnent les caisses d'assurances et on l'y maintient un temps suffisant pour lui rendre l'aptitude au travail et la santé.

En France, nous hésitons encore sur la tactique à adopter. Ce n'est certes point la faute des maitres de la médecine sociale qui portèrent les noms de Brouardel, de Grancher, ni de leurs fidèles élèves, qui s'en vont partout prêchant la croisade contre la tuberculose. Mais chez nous la machine administrative attend son impulsion du Parlement et celui-ci, malgré l'active propagande de personnalités comme celles de M. Léon Bourgeois qui sont aimées, honorées, et écoutées de toute la nation, en est encore à nous promettre pour l'avenir des réformes que nous devrions avoir déjà réalisées depuis longtemps !

Comment se peut-il par exemple que nous continuions à subir cet absurde impôt des portes et fenêtres qui pousse les propriétaires d'immeubles à construire des maisons ressemblant à des caves où l'air et le soleil ne pénètrent jamais ?

Comment se peut-il que certaines municipalités aient

pu être autorisées à créer de lourdes taxes sur les propriétés non bâties à l'intérieur des villes !

Comment se peut-il enfin que malgré la connaissance exacte que nous avons tous des méfaits de l'alcoolisme, nous laissions les cabarets, pépinières de tuberculeux, se multiplier sans entraves et débiter librement les absinthes, vermouths et autres tord-boyaux qui abâtardissent notre race ?

N'avons-nous pas assez crié qu'il fallait donner au peuple des logements salubres, qu'il fallait faire à l'alcool une guerre sans merci, et qu'il était indispensable de conserver dans nos agglomérations urbaines le plus possible de jardins et d'espaces plantés d'arbres afin d'assainir l'atmosphère déjà suffisamment empestée par les cheminées fumeuses et par les industries ?

Ne soyons pas injustes cependant: oh ! sans doute, dans ces dernières années nous avons fait un grand effort pour apprendre au peuple que la tuberculose est contagieuse. Nous le lui avons répété à ce point qu'il commence à considérer le malheureux atteint de tuberculose comme un danger public.

Où qu'il aille, dans une salle d'attente des Bureaux de Bienfaisance, de l'Hôtel de Ville ou de la Préfecture, dans les bureaux de poste, dans les tramways, le tuberculeux pauvre voit partout écrit, sur de larges pancartes ou sur des plaques d'émail bleu : « Défense de cracher ». Quelquefois les affiches portent des indications plus complètes : « Par mesure d'hygiène, il est interdit de cracher sur le parquet ».

Où voulez-vous qu'il crache, ce malheureux qui franchit son douloureux calvaire, travaillant jusqu'à ce que ses forces l'abandonnent ? Il ne craint pas la contagion de la tuberculose, lui, puisqu'il en meurt! Et vous, société, qui le redoutez comme un malfaiteur, vous voudriez lui imposer de garder pour lui ses crachats et ses bacilles ?

Vous en avez le droit, certes ; vous avez le droit d'exiger de lui qu'il ait pitié de vous, mais à la condition que vous puissiez lui offrir des moyens efficaces d'assistance.

Faites pour lui ce que vous voudriez qu'on vous fît à vous-même ! tendez-lui une main secourable au lieu de le considérer comme un paria ; ouvrez-lui la porte d'un sanatorium s'il est susceptible de se guérir, et si sa mort est proche, procurez-lui un lit d'hôpital où il puisse achever sa lente agonie avec la consolation de savoir que sa famille est à l'abri de la misère.

Vous allez m'objecter sans doute que, les tuberculeux étant légion, il faudrait des sommes énormes pour subvenir aux besoins de tous ceux qui ont besoin d'assistance, et que ce serait une dangereuse utopie de penser qu'on pourra jamais y parvenir.

Eh bien ! je me permets de ne point partager cet avis et j'espère vous démontrer que j'ai raison.

Il n'y a pas encore bien longtemps, dans nos vieilles colonies de la Réunion et des Antilles, les planteurs européens ou créoles achetaient à prix d'or des esclaves pour cultiver leurs champs de café ou de canne à sucre. Ces esclaves valaient suivant leur âge, leur force physique et leurs capacités, de 1,000 à 5,000 francs, quelquefois davantage. Ils représentaient une valeur marchande, un capital, comme les chevaux et les bœufs pour nos cultivateurs du Cambrésis. Aussi prenait-on grand soin de leur santé. Dans chaque plantation, un médecin passait en revue tout le troupeau humain, une ou plusieurs fois par semaine. La mort d'un esclave dont le prix d'achat n'avait pas encore été amorti par son travail constituait une perte pour le propriétaire. Il fallait l'éviter.

Est-ce que les progrès de la civilisation qui nous ont fait supprimer l'esclavage nous conduiraient à penser que le travailleur libre a moins de valeur que l'esclave, qu'il n'a même plus de valeur du tout et que sa mort, loin de constituer une perte sociale, représente au contraire un gain sous prétexte qu'il supprime un concurrent dans l'âpre lutte pour la vie ?

Je n'ai pas l'impertinence de supposer que de tels sentiments trouvent asile dans le cœur de l'un quelconque d'entre nous. Nous apprenons tous les jours au contraire à nous aimer, à nous aider davantage les uns les autres, suivant l'admirable devise des mutualistes. L'instinct de la solidarité nous pousse à envisager chacun de nous comme une cellule de l'être collectif qu'est la société. La maladie ou la mort prématurée d'une de nos cellules, ou d'un membre de notre corps social, nuit aux autres cellules, aux autres membres. Nous avons donc le plus grand intérêt à veiller réciproquement sur nos santés respectives.

Et puisque chacune de nos individualités représente une part du capital social, nous devons faire en sorte que cette part conserve, jusqu'à ce qu'elle soit amortie, sa valeur économique.

Laissons de côté pour un instant toute question de sentiment et raisonnons sur des chiffres.

Voici un ouvrier d'usine, âgé de 30 ans, qui, avec son salaire de 4 francs par jour doit subvenir aux besoins de sa femme et de trois enfants dont aucun n'est en âge de travailler. Le ménage réussit péniblement à vivre ; il lui est évidemment impossible de réaliser d'autre épargne que la cotisation de 1 franc par mois à une Société de secours mutuels. La profession du chef de famille l'oblige à travailler dans un atelier malsain à côté d'un camarade déjà phtisique. Le malheureux tombe malade à son tour. Ses forces l'abandonnent, et le chômage s'impose à lui. Pendant trois mois, la Société de secours à laquelle il appartient lui paye la moitié de son salaire. Deux francs par jour pour cinq personnes, c'est la misère noire, l'impossibilité de se nourrir suffisamment, de se chauffer, de se vêtir et de payer son loyer. Après une trop longue attente, le malheureux malade est admis à l'hôpital et sa famille est inscrite sur le registre des indigents que le Bureau de Bienfaisance prendra à sa charge. A l'hôpital, il coûte 2 francs par jour. 60 francs par mois ; le Bureau de Bienfaisance paye le loyer, le charbon, le pain et 12 francs par mois de secours alimentaires. Le tout représente une dépense mensuelle de 100 francs entièrement à la charge du budget d'assistance.

Six mois après, le malade meurt. Il a coûté 360 francs aux Hospices. Sa famille, incapable de se subvenir à elle-même, reste assistée par le Bureau de Bienfaisance jusqu'à ce que les enfants soient élevés, soit pendant dix ans. La valeur des secours qu'elle a reçus au cours de ces dix années s'élève à 300 francs par an, soit 3,000 francs au minimum, sans tenir compte des frais accessoires, médecins, médicaments, etc... C'est donc, au total, une dépense de 3.360 francs que la Société a dû s'imposer parce que ce malheureux ouvrier est devenu tuberculeux à un âge où il était en pleine période de rendement social !

Si cet ouvrier eût été allemand, au lieu d'être français, la caisse d'assurances contre l'invalidité à laquelle il eût été contraint d'appartenir, en vertu des lois germaniques, se serait hâtée, dès le début de sa maladie, de l'envoyer dans un *sanatorium*. Il y serait resté quatre mois, pendant lesquels la caisse d'assurances aurait dépensé pour lui 4 marcks par jour, soit 600 francs, plus 300 francs de secours à sa famille. Au bout de quatre mois, moyennant une dépense totale de 900 francs, la cure sanatoriale, en admettant qu'elle ne l'eût pas guéri définitivement, lui aurait rendu une aptitude au travail suffisamment durable pour qu'il puisse, pendant 8 ou 10 ans, retourner à l'usine, gagner son salaire et élever sa famille : d'où une économie sociale de 3,100 francs !

J'étais donc fondé à vous dire tout à l'heure que, même en ne considérant que le seul côté économique de la question, notre intérêt bien compris nous obligeait à soigner nos tuberculeux le plus tôt et le mieux possible. La charge financière qui en résulterait pour nous n'est qu'apparente : elle se traduit en réalité par un bénéfice social.

*
* *

Est-ce à dire qu'il faille tout de suite couvrir la France de vastes sanatoriums ? Non certes, car ces établissements coûtent cher et il a fallu les capitaux énormes accumulés dans les caisses régionales d'assurances obligatoires contre l'invalidité et la vieillesse pour permettre à l'Allemagne d'en construire un si grand nombre. En France, nous ne pouvons guère compter que sur l'initiative privée pour ces sortes de créations et leur entretien impose des sacrifices qu'on ne peut pas raisonnablement exiger d'elle seule. Mais ce n'est point une raison pour nous croiser les bras ! Nous avons à notre disposition d'autres armes efficaces qui s'appellent l'éducation populaire et le préventorium ou dispensaire anti-tuberculeux, pour les adultes, l'hôpital marin, les colonies scolaires de vacances et le placement à la campagne pour les enfants. Voilà déjà de quoi faire de très utile besogne. Le reste viendra ensuite.

Dans nos grandes villes industrielles du Nord de la France, où le nombre des ouvriers atteints de tuberculose est très considérable, nous avons pensé que la première chose à tenter était d'organiser des *préventoriums* ou dispensaires de prophylaxie sociale antituberculeuse, tels que celui de votre ville de Cambrai possède à présent.

Le but de ces institutions ne consiste point à donner des consultations ou à distribuer des médicaments aux malades pauvres, ce qui est le rôle des bureaux de bienfaisance, mais à *rechercher*, à *attirer* et à *retenir*, par une propagande activement faite dans les milieux populaires, les ouvriers atteints ou suspects de tuberculose ; à leur donner aussi souvent et aussi longtemps qu'ils en ont besoin, des conseils pour eux et pour leur famille ; à leur distribuer, lorsqu'ils sont obligés de suspendre leur travail, des secours alimentaires, des vêtements, de la literie, des crachoirs de poche, des antiseptiques ; à assainir leur logement par des nettoyages fréquents et des désinfections répétées à intervalles réguliers ; à leur procurer, dans le cas où cela est nécessaire, un logement plus salubre ; à lessiver gratuitement leur linge pour éviter la contagion dans la famille et hors de la famille ; à faire toutes les démarches utiles auprès de la bienfaisance privée, des patrons, etc... pour obtenir des secours qui permettront de rétablir le malade s'il n'est pas trop gravement atteint, et de le rendre à son travail.

On comprend facilement qu'une telle œuvre présente une extrême souplesse d'organisation et de fonctionnement. On peut l'adapter aux besoins particuliers de chaque ville ou de chaque quartier. Elle se prête à des extensions ou à des modifications incessantes, suivant les ressources dont on dispose. Elle ne nécessite qu'un local et un outillage très simple, un personnel de médecins et d'ouvriers enquêteurs dévoués et un budget d'assistance qu'il est facile de constituer et d'accroître en faisant appel à la fois aux industriels, aux personnes charitables et aux municipalités.

L'expérience a d'ailleurs prouvé qu'on pouvait en obtenir d'excellents résultats et qu'elle constituait réellement un organisme efficace de lutte antituberculeuse, capable de faire beaucoup de bien avec peu d'argent. Aussi nombre de villes françaises et étrangères se sont-elles empressées de créer des *préventoriums* ou dispensaires semblables à celui de Lille. Nantes, Bordeaux, Marseille, Lyon, Dijon, Paris en possèdent aujourd'hui et il s'en crée chaque jour de nouveaux. Cambrai ne pouvait certainement pas tolérer d'être privé plus longtemps des avantages qu'un établissement de ce genre devait procurer à sa laborieuse population.

Le *Préventorium*, tel que je viens de le décrire, remplit surtout le rôle de bureau de recrutement et d'école pratique d'hygiène. Mais il ne faudrait pas croire qu'il constitue une *panacée*. On ne doit pas le considérer comme un moyen très efficace de *guérir* les tuberculeux. Il serait décevant de lui attribuer des vertus auxquelles il ne peut prétendre.

Ce n'est point, certes, en fournissant seulement aux tuberculeux pauvres les moyens de vivre dans des conditions hygiéniques meilleures qu'on en guérit un grand nombre. Il arrive que quelques-uns, parmi les plus curables, résistent victorieusement à la maladie grâce au repos et au bien-être relatif qu'on a pu leur procurer, mais c'est actuellement et ce sera toujours la minorité.

C'est pourquoi il est indispensable d'envisager la nécessité de recourir parfois au « Sanatorium », seul *instrument de cure* où après un séjour de plusieurs mois, le tuberculeux curable puisse retrouver, avec la santé, l'aptitude au travail.

La sélection des privilégiés qui y seront admis, peut être faite dans les meilleures conditions par les dispensaires qui prendront soin en outre de la famille pendant l'exil momentané de son chef.

Cette question de l'assistance de la famille des malades est extrêmement importante et il est parfois très difficile de la résoudre. Beaucoup de personnes, surtout dans les classes sociales peu fortunées, dans la petite bourgeoisie par exemple, ne consentent pas à se séparer de leurs parents soit pour des raisons de sentiment, soit pour des raisons financières.

Il est certain, d'autre part, qu'il y aurait toujours un très grand avantage à pouvoir admettre en Sanatorium le malade avec sa famille afin qu'il ne se sente pas isolé et afin que sa femme et ses enfants participent dans la plus large mesure possible aux bienfaits de l'éducation hygiénique et de la cure d'air qui constituent la meilleure sauvegarde contre une contagion toujours menaçante.

Pour répondre à ces objections et pour satisfaire ces desiderata, la Ligue du Nord contre la Tuberculose a eu l'idée de créer un type de Sanatorium tout à fait intéressant et nouveau.

Elle a construit, dans le magnifique parc de Montigny-en-Ostrevent, près Douai, un véritable petit village qui se compose de 24 jolies villas isolées les unes des autres et disposées chacune pour recevoir toute une famille.

Le malade, logé avec tous les siens dans une de ces villas, peut y vivre comme il vivrait chez lui, mais dans des conditions hygiéniques beaucoup plus parfaites et en restant constamment sous la surveillance d'un médecin expérimenté. C'est la cure libre mise à la portée des petites bourses, avec tous les avantages moraux qu'elle procure.

Chaque villa se compose de cinq pièces et comprend au rez-de-chaussée une salle à manger formant véranda, exposée au midi et servant de galerie de cure pour le malade ; une cuisine. Au premier étage, la chambre du malade, exposée au midi, et munie d'un large balcon, la chambre du membre de la famille qui l'accompagne, exposée au nord. Au deuxième étage, sur la façade nord seulement, une troisième chambre à coucher pour les enfants.

L'assainissement est réalisé de la manière la plus parfaite par le tout à l'égout, la distribution d'eau potable sous pression, l'éclairage électrique et le parquetage en xylolithe et céramique.

Outre ses 24 villas de famille, le Sanatorium de Montigny comprend deux pavillons séparés, véritables petits sanatoriums indépendants, réservés l'un aux hommes, l'autre aux femmes, célibataires ou isolés. Il comporte, en outre, un vaste local servant aux réunions et aux fêtes, une bibliothèque, un laboratoire, des salles pour l'examen des malades, deux salles d'opération, un petit hôpital d'isolement pour les malades contagieux, et enfin une vaste ferme avec étables, laiterie et dépendances.

Il est bien évident que, même ainsi compris, le Sanatorium ne représente encore, à l'égard de la lutte antituberculeuse, qu'une arme à courte portée. Il ne s'adresse qu'à un trop petit nombre de malades, mais il peut rendre les plus grands services si l'on s'attache à n'y admettre que des sujets presque sûrement curables et choisis parmi ceux qui, soit par leurs talents ou les connaissances qu'ils possèdent, soit par les charges de famille qui pèsent sur eux, constituent pour la Société un capital dont la sauvegarde est nécessaire.

On ne devrait jamais oublier que la tuberculose est d'autant plus sûrement et facilement curable que les malades sont soignés plus tôt dès leur première atteinte.

Leur éviter les réinfections est la condition indispensable pour les guérir. D'où la nécessité de les isoler de bonne heure, de les soustraire à toute occasion de contagion nouvelle !

L'expérience montre même que, chez les enfants surtout, une atteinte bénigne de tuberculose paraît conférer, lorsqu'elle a pu guérir, une sorte d'immunité qui leur permet de franchir ensuite impunément les diverses étapes de leur existence. C'est pourquoi l'idée m'est venue d'organiser une œuvre qui s'occupât de ces petits êtres si précieux pour l'avenir de la patrie. Le principe de cette œuvre est le suivant : dans les familles tuberculeuses assistées par nos dispensaires, nous cherchons les enfants qui peuvent se trouver déjà infectés par le bacille. Nous possédons aujourd'hui, grâce à ce que l'on appelle l'ophtalmo-diagnostic à la tuberculine, une méthode très simple qui révèle l'existence de lésions que rien ne permettrait de soupçonner. Les enfants reconnus déjà contaminés deviennent nos pupilles. Nous les groupons dans des villas, sous la garde d'une institutrice qui leur fait l'école de plein air, et nous les laissons à la campagne, dans les meilleures conditions de salubrité et d'hygiène, jusqu'à guérison complète affirmée par l'absence de réaction à la tuberculine.

L'expérimentation sur les animaux nous fournit de nombreuses raisons de penser que si cette guérison est vraiment complète, il en résulte pour ces enfants un état d'immunité, plus ou moins durable, mais évident, à l'égard de la tuberculose. On peut donc espérer qu'ils resteront indemnes dans la suite, alors même qu'ils seraient exposés à de nouvelles contagions.

Un tel résultat est vraiment l'idéal qu'il s'agit de poursuivre, puisqu'il permettrait d'épargner aux générations à venir les atteintes du fléau qui menace de décimer celles des temps présents !

Vous voyez donc, Mesdames et Messieurs, que toutes nos institutions se complètent et se viennent en aide les unes aux autres. Dispensaires ou préventorium, hôpital, bureau de bienfaisance, colonies scolaires de vacances, sanatorium pour enfants et sanatorium familial d'adultes, forment un arsenal puissant dont nous devons apprendre à tirer parti. Chacune de ces œuvres, isolément, n'est guère capable de se rendre vraiment utile : le sanatorium ne peut rien de bon sans le dispensaire, l'hôpital sans le sanatorium, le bureau de bienfaisance sans l'hôpital. Groupées au contraire en vue de la lutte sociale contre la tuberculose, elles deviennent une forteresse capable de résister aux attaques sournoises de l'ennemi.

C'est ce qu'a bien compris votre Municipalité présidée par un homme aussi éclairé que dévoué aux intérêts de Cambrai ; toujours prêt à payer de sa personne et de sa bourse lorsqu'il s'agit de secourir les malheureux !

Aussi serait-ce justice que l'œuvre nouvelle portât le nom de celui qui leur a prodigué tant de bienfaits. La Ligue du Nord contre la Tuberculose vous demande de joindre aux miennes vos acclamations reconnaissantes, en souhaitant activité féconde et prospérité au dispensaire Paul Bersez !

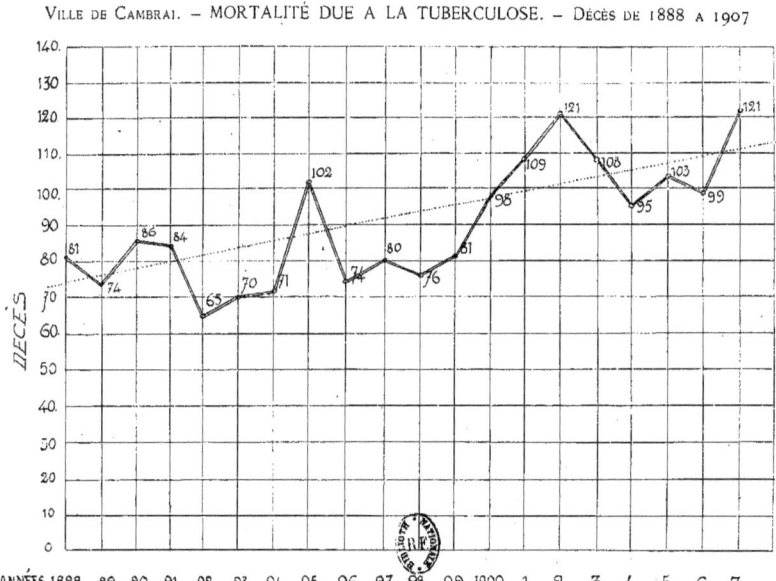

Ville de Cambrai. — MORTALITÉ DUE A LA TUBERCULOSE. — Décès de 1888 a 1907

www.ingramcontent.com/pod-product-compliance
Lightning Source LLC
Chambersburg PA
CBHW060455050426
42451CB00014B/3334